Vente des Mercredi 15 et Jeudi 16 Avril 1863

DESSINS

ET

ÉTUDES PEINTES D'APRÈS NATURE

Par M. ALAUX

Membre de l'Institut

Gravures, Lithographies, Livres et Ouvrages à figures,
Plâtres, Chevalets, etc.

EXPOSITION PUBLIQUE LE MARDI 14 AVRIL 1863

Mᵉ Ch. PILLET, Commissaire-Priseur

M. Francis PETIT, Expert

PARIS. IMPRIMERIE DE PILLET FILS AÎNÉ

5, RUE DES GRANDS-AUGUSTINS.

CATALOGUE

DE DESSINS

ET

ÉTUDES PEINTES D'APRÈS NATURE

PAR

M. ALAUX

Membre de l'Institut

Et des Gravures, Lithographies, Livres et Ouvrages à figures, Plâtres, Chevalets, etc., provenant de son Atelier

DONT LA VENTE AURA LIEU

HOTEL DROUOT, SALLE N° 7

Les Mercredi 15 et Jeudi 16 Avril 1863

A DEUX HEURES

Par le ministère de M° **CHARLES PILLET**, Commissaire Priseur,
rue de Choiseul, 11,

Assisté de M. **FRANCIS PETIT**, Expert, rue de Provence, 43

Chez lesquels se distribue le présent Catalogue.

EXPOSITION PUBLIQUE

Le Mardi 14 Avril 1863, de une heure à cinq heures.

CONDITIONS DE LA VENTE

Elle sera faite au comptant.

Les adjudicataires payeront *cinq pour cent* en sus des enchères, applicables aux frais.

Paris. Imp. PILLET fils aîné, rue des Grands-Augustins, 5.

DESSINS

━━∞∞000OOO0∞∞━━

Compositions diverses.

1 — Figures pour un tableau qui n'a pas été exécuté.   Dessin.

2 — Un pape et un roi, figures pour le même tableau.   Dessin.

3 — Figure de saint Jean.   Dessin.

4 — Figure de saint Pierre.   Dessin.

5 — Figure de saint François.   Dessin.

6 — Figure de sainte Élisabeth.   Dessin.

7 — Figure de l'archange Gabriel.   Dessin.

8 — Figure de l'archange Michel.   Dessin.

9 — Figures d'anges.   Dessin.

10 — La Foi et l'Espérance.   Dessin.

11 — Figures d'Anges.   Dessin.

12 — Homère.   Dessin.

13 — Translation du corps de sainte Cécile.   Dessin.

14 — Un enterrement chrétien dans les
         catacombes.   Dessin rehaussé.

15 — Borée enlevant Orithye.   Dessin.

16 — Ermite au désert.   Fusin.

17 — Le Styx.   Fusin.

18 — L'Ange déchu.   Fusin.

19 — Chrétiens prisonniers, emmenés à Rome.
         Paysage fait d'après nature.   Sanguine.

20 — Orphée aux enfers.   Dessin.

21 — Même composition.   Dessin.

22 — Cadmus et le serpent Python. Dessin.

23 — Sapho, composition. Sanguine.

24 — Un vœu à Esculape. Sanguine.

25 — La Sainte famille. Sanguine.

26 — Vue prise à Capri. Dessin.

27 — Marius à Minturnes. Dessin.

28 — Bataille de Villa-Viciosa. Dessin rehaussé.

29 — Un paysage composé. Dessin.

30 — Entrée de ville, composition. Dessin.

31 — Une Électre. Dessin.

Dessins pour des Tapisseries exécutées aux Gobelins.

32 — La Force. Dessin.

33 — La Prudence. Dessin.

34 — L'Éloquence. Dessin.

35 — La Justice.   Dessin.

36 — L'Industrie.   Dessin.

37 — La Navigation.   Dessin.

Projet d'un Plafond pour le château de Saint-Cloud.

38 — La Prudence et la Vigilance.   Dessin rehaussé.

39 — La Force et la Justice.   Dessin rehaussé.

40 — La Paix et la Guerre.   Dessin rehaussé.

41 — L'Éloquence et l'Harmonie.   Dessin rehaussé.

Compositions diverses.

42 — Simon prend les fers de son père pour qu'on
    lui donne la sépulture.   Dessin.

43 — Anacréon réchauffant l'Amour.   Dessin.

44 — Office dans un couvent.   Dessin.

45 — Jeune mère avec ses enfants.   Dessin.

46 — Pénélope.   Dessin.

47 — Femme italienne portant un vase.   Dessin.

48 — Femme et son enfant fuyant un incendie.   Dessin.

49 — Pèlerins dans la Campagne de Rome.   Sanguine.

50 — Vœu à la Madone.   Sanguine.

51 — Masaniello.   Dessin.

52 -- Lecture du testament de Louis XIV.
       Croquis du tableau de la galerie de Ver-
       sailles.   Sépia.

53 — Un paysage italien.   Dessin.

54 — Un paysage, vue d'après nature.   Sépia.

55 — Achille dans l'île de Scyros.   Dessin.

56 — Barque transportant un martyr.   Dessin.

57 — Femme allant à la fontaine.   Dessin.

58 — Un paysage, composition.   Dessin.

59 — Le Vésuve du temps de Pline.   Dessin.

60 — Bataille de Denain.
    Esquisse du tableau de la galerie
    de Versailles.   ·Dessin rehaussé.

61 — La Pomme de discorde.   Dessin rehaussé.

62 — Velléda, voussure exécutée au palais de Saint-
        Cloud.   Dessin.

63 — Les États généraux.
    Première pensée des trois tableaux
    de la galerie de Versailles.   Dessin rehaussé.

64 — La Guerre.   Dessin rehaussé.

65 — La Loi.   Dessin rehaussé.

66 — La Justice.   Dessin rehaussé.

67 — La Tolérance.   Dessin rehaussé.

68 — L'Abondance.   Dessin rehaussé.

69 — La Paix.   Dessin rehaussé.

70 — Bénédiction du Saint Père à la Loggia de
        Saint-Jean de Latran.   Sépia.

71 — Bénédiction du Saint Père à la Loggia de
        Sainte-Marie Majeur.   Sépia.

71 *bis* — L'Éducation d'Achille.   Dessin.

72 — Le Pape Clément XIV signe la bulle pour le
    renvoi des Jésuites.   Dessin.

73 — Prisonniers conduits au Cirque.   Dessin.

74 — La Charité.   Dessin.

75 — Jeune fille tenant des fleurs.   Sanguine.

76 — Jeune chrétienne.   Sanguine.

77 — Le Récit.   Sanguine.

78 — Jeune fille portant un panier.   Dessin.

79 — La Nouvelle.   Dessin.

80 — Le Sacrifice.   Sanguine.

81 — Autre composition.   Sanguine.

82 — Figure de l'Histoire.   Sanguine.

83 — Ulysse reconnu par son vieux serviteur.   Sanguine.

84 — Jeune fille tenant une couronne,   Sanguine.

85 — Une vestale.   Sanguine.

86 — Tête d'après nature.   Sanguine.

87 — Autre tête d'après nature.   Sanguine.

88 — Étude de femme.   Dessin.

89 — Étude de femme.   Dessin.

ÉTUDES

pour le tableau représentant Charlemagne donnant les Capitulaires.

(Ce tableau est en Espagne.)

90 — Un fils de Charlemagne.   Dessin.

91 — Un autre fils de Charlemagne.   Dessin.

92 — Un troisième fils de Charlemagne.   Dessin.

93 — Deux évêques.   Dessin.

94 — Groupe de plusieurs figures.   Dessin.

95 — Un autre groupe.   Dessin.

96 — Alcuin.   Dessin.

97 — Un moine.   Dessin.

98 — Groupe de plusieurs figures.   Dessin.

99 — Un autre groupe.   Dessin.

100 — Dix études de têtes.   Dessin.

Compositions diverses.

101 — Ésope récitant des fables.   Sanguine.

102 — La Mort d'OEdipe.   Dessin.

103 — Adam et Ève chassés du Paradis.   Dessin.

104 — L'Ombre de Clytemnestre apparaît aux
      Euménides.   Dessin.

105 — Oreste protégé par Minerve.   Dessin.

106 — Orphée aux enfers.   Dessin.

107 — Diverses études de têtes.   Dessin.

108 — L'Aumone, scène napolitaine.   Dessin rehaussé.

109 — Cadmus.   Dessin.

110 — Électre refusant les parures.   Sanguine.

111 — Orphée aux enfers.   Dessin.

112 — La Vieille route de Grotta-Ferata.   Dessin.

113 — Paysage près d'Albano.   Dessin.

114 — Une lecture dans un couvent.   Sanguine.

115 — La Fuite en Égypte.   Fusin.

116 — Une jeune fille grecque.   Sanguine.

117 — Composition pour le chœur d'une église.   Dessin rehaussé.

118 — Une Soninèse.   Sépia.

119 — Une paysanne du royaume de Naples.   Sépia.

120 — Un Albanais.   Sépia.

121 — Moine en prière.   Sépia.

122 — Une Mininte (Rome).   Sépia.

123 — Femme de Civitella.   Sépia.

124 — Une Stregga.   Sépia.

125 — Un brigand.   Sépia.

126 — Une Mininte.   Sépia.

Études de Paysages.

(SÉPIAS.)

127 — Paysage des environs de Tivoli.   Sépia.

128 — Vue de Porto d'Anzio.   Sépia.

129 — Un paysage, composition.   Sépia.

130 — Paysage de la Campagne de Rome.   Sépia.

131 — L'Isola Farnèse.   Sépia.

132 — Vue de Subiaco.   Sépia.

133 — Vue des montagnes de Genazzano.   Sépia.

134 — Vue de la porte Saint-Paul, à Rome.   Sépia.

135 — Vue de Subiaco.   Sépia.

136 — Vue de Pestum.   Sépia.

137 — Autre vue de Pestum.   Sépia.

138 — Villa Mattei, à Rome.   Sépia.

139 — Château de la reine Jeanne, à Naples.   Sépia.

140 — Le Colysée.   Sépia.

141 — Le Palais des Césars.   Sépia.

142 — Autre vue du Colysée.   Sépia.

143 — Capo di Cava (royaume de Naples).   Sépia.

144 — Vue prise au delà de Sorrente.   Sépia.

145 — Vue prise dans la plaine de Rome.   Sépia.

146 — Subiaco.   Sépia.

147 — Tusculum.   Sépia.

148 — Vue prise derrière Frascati.   Sépia.

149 — Le Forum de Pompéï.   Sépia.

150 — Le Temple de Vénus à Pompéï.   Sépia.

151 — Pont antique à Labadia.   Sépia.

152 — Pestum.   Sépia.

153 — Route de la Cava (royaume de Naples).   Sépia.

154 — Autre vue de Pestum.   Sépia.

155 — Autre vue de Pestum.   Sépia.

156 — Route de Rome à Ponte-Mole.   Sépia.

157 — Un tombeau près Tivoli.   Sépia.

158 — Saint-Pierre de Rome, vue prise de la plaine.   Sépia.

159 — La Porta Maggiore.

160 — Emissario du lac Nemi.   Sépia.

161 — Vue prise près Terni.   Sépia.

162 — Vue prise de la Trinité des Monts (Rome).   Sépia.

163 — Entrée du tombeau des Scipion (Rome).   Sépia.

164 — Vue de Florence.   Sépia.

165 — Vue du lac Nemi.   Sépia.

166 — L'Arc de Donnabella.   Sépia.

167 — Vue de Subiaco. Sépia.

168 — Capri. Sépia.

169 — Ischia. Sépia.

170 — Les Murs de Rome du côté des Thermes de
      Caracalla. Sépia,

171 — Route de la Cava, près Naples. Sépia.

172 — Pompeï. Sépia.

173 — Fontaine sous une treille. Sépia.

174 — Emissario du lac d'Albano. Sépia.

175 — Les Murs de Pestum. Sépia.

176 — Victri, route de Naples. Sépia.

177 — Autre vue de Victri. Sépia.

178 — Autre vue de Victri. Sépia.

179 — La Cava. Sépia.

180 — Ardea, près de Rome. Sépia.

181 .— Grotta Ferata, près de Rome.   Sépia.

182 — Ischia (royaume de Naples).   Sépia.

183 — La Cava.   Sépia.

184 — Grotta Ferata, près de Rome.   Sépia.

185 — Capo di Casa, entre Rome et Naples.   Sépia.

186 — Plaine de Rome.   Sépia.

187 — Castellamare.   Sépia.

188 — Porte Saint-Sébastien, à Rome.   Sépia.

189 — Une cour à Rome.   Sépia.

190 — Une autre cour à Rome.   Sépia.

191 — Entrée d'une ville d'Italie.   Sépia.

192 — Un couvent à Rome.   Sépia.

193 — Une cour à Rome.   Sépia.

194 — Entrée de la Cava (royaume de Naples).   Sépia.

195 — Paysage près Grotta Ferata.

196 — La Piscina, près Naples.   Sépia.

197 — Le Château de la reine Jeanne, à Naples.   Sépia.

---

197 *bis* — Calques d'après les principales figures de la galerie
du Primatice, à Fontainebleau.

ÉTUDES

Peintes d'après nature

---

98 — Une cascade, près Grotta Ferata.

199 — Villa Mécène, à Tivoli.

200 — Étude près Frascati.

201 — Une fontaine près Tivoli.

202 — Étude à Subiaco.

203 — Vue prise au-dessus du ponte Nomentano (campagne de Rome).

204 — Vue des Monticelli, près Tivoli.

205 — Vue du port de Nettuno.

206 — Les Montagnes de Subiaco.

207 — Le Colysée, à Rome.

208 — Étude près de Tivoli.

209 — Étude prise entre Frascati et Marino.

210 — La Maison de campagne de l'ambassadeur, à Ischia.

211 — Le Temple de Pestum.

212 — Le Temple de Jupiter à Pompeï.

213 — La Madone de Subiaco.

214 — Vue du port de Salerne.

215 — Vue de Rome, prise des jardins Colonna.

216 — Subiaco.

217 — Le Vésuve.

218 — Vue prise de Longhezza, près Rome.

219 — Le Lac d'Albano.

220 — La Villa Melini, au point du jour (Rome).

221 — Une arcade du Colysée.

222 — Vue prise à Nettuno

223 — Montagne à Subiaco.

224 — Cascatelle de Tivoli.

225 — Pont de Nomentano (campagne de Rome).

226 — Cascade à Grotta Ferata.

227 — Grande cascade de Tivoli, après les pluies.

228 — Pompeï.

229 — Salerne.

230 — Souterrain à la villa Mécène.

231 — Paysage composé ; le corps d'une martyre est conduit
aux Catacombes.

232 — Un pêcheur d'Ischia.

233 — Un pêcheur de corail à Naples.

234 — Autre étude de pêcheur, à Naples.

235 — Tête de Napolitain.

236 — Une étude de Turc. .

237 — Une étude de taureau.

238 — Une étude d'armure.

239 — La Justice ramenant l'Abondance et l'Industrie.

240 — Le Possédé, copie d'après le Dominiquin.

241 — Porte-feuilles de gravures et lithographies diverses.

242 — Quelques livres et ouvrages à figures.

243 — Plâtres, bas-reliefs, etc.

244 — Le Nid d'amour de Chaudet (marbre).

245 — Collection de fac-simile en plâtre de médailles antiques et autres.

246 — Cadres en bois sculpté.

247 — Chevalets, ustensiles et meubles d'atelier.

248 — Un bureau Louis XIII, en racine de noyer.

249 — Toiles diverses, blanches et ébauchées.

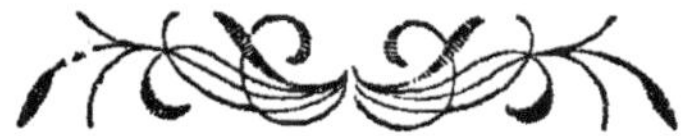